A♥M♥E
Seu Corpo

Um Guia de Afirmações Positivas para Amar e Apreciar o Seu Corpo

Louise L. Hay

A♥M♥E
Seu Corpo

Um Guia de Afirmações Positivas
para Amar e Apreciar o Seu Corpo

Tradução:
Marcelo Albuquerque

MADRAS®

Publicado originalmente em inglês sob o título *Love Your Body*, por Hay House, Inc. California, USA.
© 1985, 1989, Louise L. Hay
Diretos de edição e tradução para o Brasil
Tradução autorizada do inglês.
© 2021, Madras Editora Ltda.

Editor:
Wagner Veneziani Costa

Produção e Capa:
Equipe Técnica Madras

Tradução:
Marcelo Albuquerque

Revisão da Tradução:
Marina Nobre

Revisão:
Arlete Genari

Dados Internacionais de Catalogação na Publicação (CIP)
(Câmara Brasileira do Livro, SP, Brasil)

Hay, Louise L.
Ame seu corpo: um guia de afirmações positivas para amar e apreciar o seu corpo/Louise L. Hay; tradução Marcelo Albuquerque. – São Paulo: Madras, 2021.
Título original: Love your body.
ISBN 978-85-370-0774-7

1. Autorrealização (Psicologia) 2. Corpo e mente I. Título.

12-06921   CDD-158.1

Índices para catálogo sistemático:
1. Corpo e mente: Equilíbrio: Psicologia aplicada 158.1

É proibida a reprodução total ou parcial desta obra, de qualquer forma ou por qualquer meio eletrônico, mecânico, inclusive por meio de processos xerográficos, incluindo ainda o uso da internet, sem a permissão expressa da Madras Editora, na pessoa de seu editor (Lei nº 9.610, de 19.2.98).

Todos os direitos desta edição, em língua portuguesa, reservados pela

MADRAS EDITORA LTDA.
Rua Paulo Gonçalves, 88 — Santana
CEP: 02403-020 — São Paulo/SP
Caixa Postal: 12183 — CEP: 02013-970
Tel.: (11) 2281-5555 — www.madras.com.br

*A todos os corpos no planeta,
eu dedico esta
oferenda com amor.*

A autora deste livro não dispensa conselho médico ou prescreve o uso de qualquer técnica como forma de tratamento para problemas físicos ou médicos sem o conselho de um médico, seja direta ou indiretamente. O objetivo da autora é apenas oferecer informação de natureza geral para ajudá-lo em sua busca de bem-estar físico e emocional. No caso de utilizar qualquer informação contida neste livro, que é seu direito constitucional, a autora e o editor não assumem nenhuma responsabilidade pelos seus atos.

ÍNDICE

Afirmações para um Corpo Saudável 8
Índice Remissivo 119

AFIRMAÇÕES PARA UM CORPO SAUDÁVEL

O s bebês pequenos amam cada centímetro de seus corpos. Eles não têm culpa, vergonha nem fazem comparação. Você era assim e, então, em algum lugar ao longo do percurso, ouviu os outros dizerem que você não era bom o suficiente. Então começou a criticar seu corpo, pensando, talvez, que era ali que estavam os seus defeitos.

Vamos esquecer todo esse contrassenso e voltar a amar nossos corpos e aceitá-los totalmente como são. Claro que eles mudarão e, se dermos amor aos nossos corpos, eles mudarão para melhor.

A mente subconsciente não tem sentido de humor e não diferencia o verdadeiro do falso. Ela apenas aceita o que dizemos e o que pensamos a partir do material com o qual ela se constrói. Ao repetir essas afirmações positivas muitas e muitas vezes, você estará plantando novas sementes no solo fértil de sua mente subconsciente, e elas se tornarão verdadeiras para você.

Coloque-se diante de um espelho e repita cada tratamento de afirmação (novo padrão de pensamento) 10 vezes. Faça isso duas vezes ao dia. Também escreva as afirmações dez vezes em algum momento durante o dia. Trabalhe com um tratamento por dia até ter utilizado todo o livro. Você pode usar as páginas em branco para escrever suas próprias afirmações positivas. Então, caso haja alguma parte de seu corpo que você ainda não gosta ou tem algum problema, utilize esse tratamento específico diariamente por, pelo menos, um mês ou até a mudança positiva ocorrer.

Se dúvidas, medos ou pensamentos negativos surgirem, apenas reconheça-os por aquilo que são crenças antigas e limitantes que querem continuar por perto. Elas não possuem nenhum poder sobre você. Diga-lhes gentilmente: "Fora! Eu não preciso mais de vocês". Em seguida, repita suas afirmações outra vez.

Onde parar de trabalhar é onde está a sua resistência. Note qual parte do seu corpo você não quer amar. Dê a essa parte uma atenção extra, assim você poderá ultrapassar essa limitação. Libere a resistência.

Dessa forma, dentro de pouco tempo, você terá um corpo que realmente ama. E seu corpo responderá concedendo-lhe uma saúde excelente. Cada parte de seu corpo trabalhará perfeitamente, como um todo harmonioso. Você até notará rugas desaparecendo, o peso se normalizando e a postura se endireitando.

Aquilo que afirmamos constantemente se torna realidade para nós.

NOTAS PESSOAIS-AFIRMAÇÕES

EU AMO MINHA MENTE

Minha mente permite que eu reconheça o belo Milagre do meu Corpo. Estou feliz por estar vivo. Afirmo com minha mente que tenho o poder de me curar. Minha mente elege os pensamentos que criam o meu futuro, momento a momento. Meu poder surge pelo uso de minha mente. Escolho pensamentos que me façam sentir bem. Eu amo e aprecio minha bela mente!

NOTAS PESSOAIS-AFIRMAÇÕES

EU AMO MEU COURO CABELUDO

Meu couro cabeludo está relaxado e em paz. Ele está solto e suave. Ele fornece um recanto bem cultivado para o meu cabelo. Eu escolho os pensamentos que massageiam meu couro cabeludo com amor. Eu amo e aprecio meu belo couro cabeludo!

NOTAS PESSOAIS-AFIRMAÇÕES

EU ♥ AMO
MEU CABELO

Tenho confiança de que o processo da vida cuidará de todas as minhas necessidades, e cresço forte e em paz. Relaxo meu couro cabeludo e concedo ao meu belo cabelo espaço para crescer luxuosamente. Penteio meu cabelo com carinho e escolho os pensamentos que apoiam o seu crescimento e sua força. Eu amo e aprecio meu belo cabelo!

NOTAS PESSOAIS-AFIRMAÇÕES

EU ♥ AMO MEUS OLHOS

Eu tenho visão perfeita. Vejo claramente em todas as direções. Vejo com amor meu passado, meu presente e meu futuro. Minha mente escolhe a forma como encaro a vida. Vejo com novos olhos. Vejo o bem em tudo e em todos. Agora, eu crio com carinho a vida que amo observar. Eu amo e aprecio meus belos olhos!

NOTAS PESSOAIS-AFIRMAÇÕES

EU ♥ AMO MEUS OUVIDOS

Eu estou equilibrado, preparado e em uníssono com toda a minha vida. Escolho os pensamentos que criam harmonia à minha volta. Ouço com amor o que é bom e agradável. Escuto o grito de amor que está escondido na mensagem de cada um. Estou disposto a compreender os outros e tenho compaixão por eles. Alegro-me com minha habilidade de ouvir a vida. Tenho uma capacidade mental receptiva. Estou disposto a ouvir. Eu amo e aprecio meus belos ouvidos!

NOTAS PESSOAIS-AFIRMAÇÕES

EU ♥ AMO
MEU NARIZ

Eu estou em paz com todos à minha volta. Nenhuma pessoa, lugar ou coisa tem algum poder sobre mim. Eu sou o poder e a autoridade no meu mundo. Escolho os pensamentos que reconhecem meu próprio valor real. Reconheço a minha própria habilidade intuitiva. Confio na minha intuição, pois estou sempre em contato com a Sabedoria Universal e a Verdade. Caminho sempre na direção certa para mim. Eu amo e aprecio o meu belo nariz!

NOTAS PESSOAIS-AFIRMAÇÕES

EU ♥ AMO MINHA BOCA

Eu me cultivo acolhendo novas ideias. Preparo novos conceitos para digestão e assimilação. Tomo decisões com facilidade, baseado nos princípios da Verdade. Tenho um bom gosto pela vida. Escolho os pensamentos que me permitem falar com amor. Falo por mim mesmo, seguro de meu próprio valor real. Eu amo e aprecio minha bela boca!

NOTAS PESSOAIS-AFIRMAÇÕES

EU ♥ AMO
MEUS DENTES

Meus dentes são fortes e saudáveis. Mordo a vida com alegria. Mastigo todas as minhas experiências de forma atenta e completa. Eu sou uma pessoa decisiva. Tomo decisões com facilidade e sou fiel a elas. Escolho pensamentos que criam uma sólida base interior. Confio na minha Sabedoria Interior, ciente de que sempre escolherei o que é melhor para mim em qualquer momento. Eu amo e aprecio meus belos dentes!

NOTAS PESSOAIS-AFIRMAÇÕES

EU ♥ AMO MINHAS GENGIVAS

Minhas gengivas são uma imagem de saúde. Elas sustentam e protegem meus dentes com amor. Para mim é fácil ser fiel às minhas decisões. Eu apoio minhas decisões com convicções espirituais. Estou fortemente centrado na Sabedoria e na Verdade. Escolho pensamentos que criam apenas ações corretas em minha vida. Eu amo e aprecio minhas belas gengivas!

NOTAS PESSOAIS-AFIRMAÇÕES

EU ♥ AMO MINHA VOZ

Eu exprimo minhas opiniões. Falo por mim próprio. Canto os louvores de amor e alegria. Minhas palavras são a música da vida. Escolho pensamentos que expressam beleza e gratidão. Proclamo minha unificação com tudo da vida. Eu amo e aprecio minha bela voz!

NOTAS PESSOAIS-AFIRMAÇÕES

EU ♥ AMO MEU PESCOÇO

Eu me volto com disposição para reconhecer outros pontos de vista e outras formas de fazer as coisas. Sou livre para admitir tudo. Estou disposto a mudar. Escolho pensamentos que me mantêm flexível em minhas ideias e em minha expressão criativa. Eu me expresso de forma livre e feliz. Estou seguro. Eu amo e aprecio meu belo pescoço!

NOTAS PESSOAIS-AFIRMAÇÕES

EU ♥ AMO MINHA GARGANTA

Minha garganta é o caminho da expressão e da criatividade. Mantenho-a aberta e livre. Canto com grande alegria. Escolho pensamentos que me permitem expressar minha criatividade. Eu declaro, com carinho, ao mundo meu próprio valor e minha autoestima. Eu amo e aprecio minha bela garganta!

NOTAS PESSOAIS-AFIRMAÇÕES

EU ♥ AMO MEUS OMBROS

Eu assumo minhas responsabilidades com facilidade. Meus fardos são leves – como plumas ao vento. Tenho orgulho de mim mesmo, sou livre e carrego minhas experiências com alegria. Meus ombros são belos, retos e fortes. Escolho pensamentos que tornam o meu caminho fácil e desimpedido. O amor liberta e relaxa. Eu amo minha vida. Eu amo e aprecio meus belos ombros!

NOTAS PESSOAIS-AFIRMAÇÕES

EU ♥ AMO MEUS SEIOS

Meus seios possuem a forma e o tamanho perfeitos para o meu corpo. Eles são saudáveis e sempre serão saudáveis. Sempre cultivo e cuido de mim antes de cuidar dos outros. Escolho pensamentos que me nutrem de todas as formas. Eu amo e aprecio meus belos seios.

NOTAS PESSOAIS-AFIRMAÇÕES

EU ♥ AMO MEUS BRAÇOS

Eu sou protetor de mim mesmo e de quem amo. Acolho a vida com alegria. Tenho grande habilidade para abraçar as experiências da vida. Minha capacidade para os prazeres da vida é enorme. Escolho pensamentos que me permitem aceitar a mudança com facilidade e me mover em qualquer direção. Eu sou forte, apto e capaz o tempo todo. Eu amo e aprecio meus belos braços.

NOTAS PESSOAIS-AFIRMAÇÕES

EU ♥ AMO MEUS PULSOS

Meus pulsos são flexíveis e livres. É com facilidade que aceito os prazeres na minha vida. Mereço todo o bem que recebo. Escolho pensamentos que me permitem desfrutar de tudo que possuo. Eu amo e aprecio meus belos pulsos!

NOTAS PESSOAIS-AFIRMAÇÕES

EU ♥ AMO MINHAS MÃOS

Minhas mãos são livres para segurar a vida da maneira que desejam. Minhas mãos possuem infinitas formas de lidar com acontecimentos e pessoas. Eu escolho pensamentos que tratam minhas experiências com alegria e facilidade. Cada detalhe é levado em consideração pela Ordem Natural Divina. Trato a vida com amor; portanto, estou seguro, estou protegido, eu sou eu mesmo. Estou em paz. Eu amo e aprecio minhas belas mãos!

NOTAS PESSOAIS-AFIRMAÇÕES

EU ♥ AMO
MEUS DEDOS

Meus dedos me oferecem muito prazer. Eu amo minha capacidade de tocar e sentir, de investigar e inspecionar, de consertar e reparar, de criar e moldar com amor. Coloco meu dedo no pulso da vida; estou em sintonia com todas as pessoas, lugares e coisas. Escolho pensamentos que me permitem tocar com amor. Eu amo e aprecio meus belos dedos!

NOTAS PESSOAIS-AFIRMAÇÕES

EU ♥ AMO MINHAS UNHAS

Minhas unhas são admiráveis ao olhar. Estou protegido e seguro. Conforme relaxo e confio na vida que se estende diante de mim, minhas unhas crescem fortes e rijas. Eu amo e aprecio todos os detalhes maravilhosos da minha vida. Escolho pensamentos que permitem aos menores detalhes serem tratados de maneira fácil e sem esforço. Eu amo e aprecio minhas belas unhas!

NOTAS PESSOAIS-AFIRMAÇÕES

EU ♥ AMO
MINHA COLUNA

Minha coluna é um espaço de harmonia e amor. Cada vértebra está carinhosamente conectada às suas vizinhas. Há uma perfeita e suave interação entre todas elas. Isso me torna forte; no entanto, flexível. Posso alcançar os céus e curvar-me em direção à terra. Escolho pensamentos que me mantêm seguro e livre. Eu amo e aprecio minha bela coluna!

NOTAS PESSOAIS-AFIRMAÇÕES

EU ♥ AMO MINHAS COSTAS

Eu sou apoiado pela própria vida. Sinto-me apoiado emocionalmente. Liberto todos os medos. Sinto-me amado. Liberto o passado e todas as experiências passadas. Eu me desprendo de tudo que ficou para trás. Agora confio no processo da vida. Escolho pensamentos que completam todas as minhas necessidades. A vida prospera em mim de formas esperadas e inesperadas. Eu sei que esta vida é para mim. Mantenho-me erguido e orgulhoso de mim, sustentado pelo amor da vida. Eu amo e aprecio minhas belas costas!

NOTAS PESSOAIS-AFIRMAÇÕES

EU ♥ AMO MINHA FLEXIBILIDADE

Deus me deu a capacidade de ser flexível e de fluir com a vida como um salgueiro. Posso me curvar, me esticar e sempre retornar ao meu centro. Eu escolho pensamentos que fortalecem essa capacidade de ser flexível e maleável. Eu amo e aprecio minha bela flexibilidade!

NOTAS PESSOAIS-AFIRMAÇÕES

EU ♥ AMO
MEU PEITO

Eu inspiro e expiro nutrientes em perfeito equilíbrio. A vida fornece tudo de que preciso. Sou livre para ser quem sou, e permito aos outros a liberdade de ser quem são. A vida protege todos nós. É seguro, para todos nós, crescer. Eu me alimento apenas de amor. Escolho pensamentos que criam liberdade para todos nós. Eu amo e aprecio meu belo peito!

NOTAS PESSOAIS-AFIRMAÇÕES

EU ♥ AMO MEUS PULMÕES

Eu tenho o direito de ocupar espaço. Eu tenho o direito de existir. Inspiro e expiro vida de forma completa e livre. É seguro fazer parte do meu ambiente. Confio no Poder que fornece minha respiração com tanta abundância. Há fôlego suficiente para durar todo o tempo que eu escolher viver. Há vida e sustento suficientes para durar todo o tempo que eu escolher viver. Agora, escolho pensamentos que criam segurança para mim. Eu amo e aprecio meus belos pulmões!

NOTAS PESSOAIS-AFIRMAÇÕES

EU ♥ AMO MINHA RESPIRAÇÃO

Minha respiração é muito preciosa para mim. É um tesouro e uma substância que me fornece vida. Sei que é seguro, para mim, viver. Eu amo a vida. Respiro vida profunda e completamente. Respiro e expiro em perfeita harmonia. Eu escolho pensamentos que criam uma respiração terna e doce. Eu sou uma alegria de se estar ao lado. Fluo com a respiração da vida. Eu amo e aprecio minha bela respiração!

NOTAS PESSOAIS-AFIRMAÇÕES

EU ♥ AMO MINHAS GLÂNDULAS

🌀 🌀 🌀

Minhas glândulas são os pontos iniciais para minha autoexpressão. Minha autoexpressão é minha própria e exclusiva abordagem à vida. Eu sou um indivíduo único. Respeito minha individualidade. Dou origem, nas profundezas do meu ser, a todo o bem que vejo desenrolar na minha vida. Minha originalidade começa com os pensamentos que escolho pensar. Minha força e imunidade espirituais são sólidas e equilibradas. Eu sou um lutador. Tenho iniciativa. Eu amo e aprecio minhas belas glândulas!

NOTAS PESSOAIS-AFIRMAÇÕES

EU ♥ AMO
MEU CORAÇÃO

Meu coração transporta, com carinho, alegria por todo o meu corpo, alimentando as células. Ideias novas e felizes agora circulam livremente dentro de mim. Eu sou o prazer da vida, expressando e recebendo. Agora, escolho pensamentos que criam um presente sempre feliz. É seguro estar vivo em qualquer idade. Irradio amor em todas as direções, e toda a minha vida é uma alegria. Eu amo com o meu coração. Eu amo e aprecio meu belo coração!

NOTAS PESSOAIS-AFIRMAÇÕES

EU ♥ AMO MEU SANGUE

O sangue em minhas veias é pura alegria. Essa alegria de vida flui livremente pelo meu corpo. Eu vivo com prazer e felicidade. Escolho pensamentos que criam entusiasmo pela vida. Minha vida é rica, plena e feliz. Eu amo e aprecio meu belo sangue!

NOTAS PESSOAIS-AFIRMAÇÕES

EU ♥ AMO
MEUS NERVOS

Eu tenho um sistema nervoso maravilhoso. Meus nervos me permitem comunicar com toda a vida. Posso perceber, sentir e compreender a níveis muito profundos. Eu me sinto seguro e protegido. Meus nervos podem relaxar calmamente. Escolho pensamentos que me trazem paz. Eu amo e aprecio meus belos nervos!

NOTAS PESSOAIS-AFIRMAÇÕES

EU ♥ AMO
MEU ESTÔMAGO

É com prazer que eu digiro as experiências da vida. A vida concorda comigo. Eu assimilo com facilidade todos os novos momentos de cada dia. Tudo está bem no meu mundo. Escolho pensamentos que glorificam meu ser. Confio que a vida proverá aquilo que necessito. Eu sei meu próprio valor. Sou bom o suficiente da maneira que sou. Sou a Divina e Magnífica Expressão da Vida. Eu assimilo esse pensamento e transformo-o em realidade para mim. Eu amo e aprecio meu belo estômago!

NOTAS PESSOAIS-AFIRMAÇÕES

EU ♥ AMO MEU FÍGADO

Eu me desprendo de tudo de que não preciso mais. Liberto com alegria toda irritação, crítica e condenação. Agora minha consciência está purificada e curada. Tudo na minha vida segue a Ordem Divina. Tudo que acontece é para o meu bem supremo e prazer maior. Eu encontro amor em todas as áreas da minha vida. Escolho pensamentos que me curam, purificam e exaltam. Eu amo e aprecio meu belo fígado!

NOTAS PESSOAIS-AFIRMAÇÕES

EU ♥ AMO MEUS RINS

É seguro que eu cresça e aceite a vida que criei. Eu liberto o antigo e acolho o novo. Meus rins eliminam de forma eficiente os antigos venenos da minha mente. Agora, escolho pensamentos que criam o meu mundo; portanto, aceito tudo ao meu mundo como perfeito. Minhas emoções estão estabilizadas no amor. Eu amo e aprecio meus belos rins.

NOTAS PESSOAIS-AFIRMAÇÕES

EU ♥ AMO MEU BAÇO

Minha única obsessão é com o prazer da vida. Minha verdadeira identidade é de paz, amor e alegria. Eu escolho pensamentos que criam alegria para mim em todas as áreas da minha vida. Meu baço é saudável, feliz e normal. Estou seguro. Escolho vivenciar a doçura da vida. Eu amo e aprecio meu belo baço!

NOTAS PESSOAIS-AFIRMAÇÕES

EU ♥ AMO MEU SISTEMA IMUNOLÓGICO

Meu sistema imunologico é forte e vigoroso. Ele protege meu corpo e me mantém em perfeita saúde. Ciente de que meu sistema imunológico responde a todos os meus pensamentos, eu escolho pensamentos saudáveis. Tenho apenas pensamentos positivos e amáveis que aprimoram e defendem meu sistema imunológico. Eu amo e aprecio meu belo sistema imunológico!

NOTAS PESSOAIS-AFIRMAÇÕES

EU ♥ AMO MINHA CINTURA

Eu tenho uma bela cintura. Ela é normal, natural e muito flexível. Posso me curvar e girar em todas as direções. Eu escolho pensamentos que me permitem apreciar os exercícios de uma forma agradável. Minha cintura tem o tamanho perfeito para mim. Eu amo e aprecio minha bela cintura!

NOTAS PESSOAIS-AFIRMAÇÕES

EU ♥ AMO MEUS QUADRIS

Eu caminho pela vida em perfeito equilíbrio. Há sempre algo novo para o qual me dirijo. Cada idade tem seus interesses e objetivos. Eu escolho pensamentos que mantêm meus quadris firmes e fortes. Sou poderoso no próprio assento da minha vida. Eu amo e aprecio meus belos quadris!

NOTAS PESSOAIS-AFIRMAÇÕES

EU ♥ AMO MINHAS NÁDEGAS

Minhas nádegas ficam mais bonitas a cada dia. Elas são o assento do meu poder. Eu sei que sou um ser poderoso. Reconheço e aceito meu poder. Escolho pensamentos que me permitem usar meu poder de forma amável e sábia. É uma sensação maravilhosa ser poderoso. Eu amo e aprecio minhas belas nádegas!

NOTAS PESSOAIS-AFIRMAÇÕES

EU ♥ AMO
MEU CÓLON

Eu sou um canal aberto para que o bem flua dentro e em mim livre, generosa e alegremente. Eu me liberto de bom grado de todos os pensamentos e coisas que entravam e obstruem. Tudo está normal, harmonioso e perfeito em minha vida. Vivo apenas no presente e no agora. Escolho pensamentos que me mantêm aberto e receptivo ao fluxo da vida. Tenho perfeita absorção, assimilação e eliminação. Eu amo e aprecio meu belo cólon!

NOTAS PESSOAIS-AFIRMAÇÕES

EU ♥ AMO
MINHA BEXIGA

Eu estou em paz com meus pensamentos e emoções. Eu estou em paz com aqueles à minha volta. Nenhuma pessoa, lugar ou coisa tem qualquer poder sobre mim, pois sou o único pensador em minha mente. Escolho pensamentos que me mantêm sereno. Liberto de bom grado e com carinho ideias e conceitos antigos. Eles fluem para fora de mim de forma fácil e alegre. Eu amo e aprecio minha bela bexiga!

NOTAS PESSOAIS-AFIRMAÇÕES

EU ♥ AMO MEUS ÓRGÃOS GENITAIS

Eu regozijo em minha sexualidade. Ela é normal, natural e perfeita para mim. Meus órgãos genitais são belos, normais, naturais e perfeitos para mim. Eu sou bom e belo o suficiente exatamente como sou, aqui e agora. Aprecio os prazeres que meu corpo me oferece. É seguro que eu desfrute do meu corpo. Escolho pensamentos que me permitem amar e apreciar meus belos órgãos genitais!

NOTAS PESSOAIS-AFIRMAÇÕES

EU ♥ AMO MEU RETO

Eu vejo a beleza do meu corpo em cada célula e em cada órgão. Meu reto é tão normal, natural e belo quanto qualquer outra parte do meu corpo. Aceito completamente todas as funções do meu corpo e regozijo em sua eficiência e perfeição. Meu coração, meu reto, meus olhos e meus dedos dos pés são todos igualmente importantes e belos. Escolho pensamentos que me permitem aceitar com amor cada parte do meu corpo. Eu amo e aprecio meu belo reto!

NOTAS PESSOAIS-AFIRMAÇÕES

EU ♥ AMO MINHAS PERNAS

Agora escolho me libertar de todas as antigas dores e mágoas da infância. Eu me recuso a viver no passado. Sou uma pessoa do agora, vivendo no hoje. Conforme perdoo e liberto o passado, minhas coxas tornam-se firmes e belas. Tenho total mobilidade para me mover em qualquer direção. Sigo em frente na vida, desimpedido pelo passado. Meus músculos das panturrilhas são relaxados e fortes. Escolho pensamentos que me permitem seguir adiante com alegria. Eu amo e aprecio minhas belas pernas!

NOTAS PESSOAIS-AFIRMAÇÕES

EU ♥ AMO
MEUS JOELHOS

Eu sou flexível e fluido. Sou generoso e complacente. Eu me curvo e fluo com facilidade. Tenho compreensão e compaixão, e facilmente perdoo o passado e todas as pessoas que fizeram parte dele. Reconheço os outros e elogio-os sempre. Escolho pensamentos que me mantêm aberto e receptivo ao amor e a alegria que fluem livremente em toda a parte. Eu meu ajoelho no altar de mim mesmo. Eu amo e aprecio meus belos joelhos!

NOTAS PESSOAIS-AFIRMAÇÕES

EU ♥ AMO MEUS TORNOZELOS

Meus tornozelos me proporcionam mobilidade e direção. Eu liberto todos os medos e culpas. Aceito o prazer com facilidade. Caminho em direção ao meu bem supremo. Escolho pensamentos que trazem prazer e alegria para a minha vida. Eu sou flexível e fluido. Eu amo e aprecio meus belos tornozelos!

NOTAS PESSOAIS-AFIRMAÇÕES

EU ♥ AMO MEUS PÉS

Eu tenho uma compreensão maravilhosa. Eu me mantenho firmemente enraizado na Verdade. Minha compreensão de mim mesmo, dos outros e da vida está constantemente evoluindo. Sou acalentado pela Mãe Terra, e a Inteligência Universal me ensina tudo de que preciso saber. Caminho seguro e protegido pelo planeta, seguindo adiante, na direção do meu bem maior. Transito com facilidade pelo tempo e espaço. Escolho pensamentos que criam um futuro maravilhoso e sigo nesse sentido. Eu amo e aprecio meus belos pés!

NOTAS PESSOAIS-AFIRMAÇÕES

EU ♥ AMO MEUS DEDOS DOS PÉS

Meus dedos dos pés são inspetores do futuro e seguem à minha frente para abrir o caminho. Eles são retos, flexíveis e fortes. Eles se estendem, sentindo e encontrando o caminho perfeito na vida. Escolho pensamentos que protegem meu caminho. Conforme sigo adiante, todos os detalhes se resolvem por si mesmos. Eu amo e aprecio meus belos dedos dos pés!

NOTAS PESSOAIS-AFIRMAÇÕES

EU ♥ AMO MEUS OSSOS

Eu sou forte e sadio. Eu sou bem estruturado e equilibrado. Meus ossos me sustentam e me amam. Cada osso é importante para mim. Escolho pensamentos que fortalecem minha vida. Eu sou composto pelos materiais do Universo. Estou em uníssono com a estrutura da vida. Eu amo e aprecio meus belos ossos!

NOTAS PESSOAIS-AFIRMAÇÕES

EU ♥ AMO MEUS MÚSCULOS

Meus músculos proporcionam a capacidade de me mover em meu mundo. Eles são fortes e sempre serão fortes. Eles são flexíveis e se alongam com facilidade. Eu escolho pensamentos que me permitem acolher novas experiências. Minha vida é um balé alegre. Eu amo e aprecio meus belos músculos!

NOTAS PESSOAIS-AFIRMAÇÕES

EU ♥ AMO MINHA PELE

Minha individualidade é segura. O passado está perdoado e esquecido. Estou livre e seguro neste momento. Escolho pensamentos que criam alegria e paz para mim. Minha pele é jovem e macia em todas as partes do meu corpo. Eu amo acariciar minha pele. Minhas células possuem juventude eterna. Minha pele é o manto que protege o templo que habito. Eu amo e aprecio minha bela pele!

NOTAS PESSOAIS-AFIRMAÇÕES

EU ♥ AMO MINHA ALTURA

Eu tenho a altura perfeita para mim. Não sou nem muito alto nem muito baixo. Posso olhar para cima e posso olhar para baixo. Posso alcançar as estrelas e tocar a terra. Eu escolho pensamentos que me permitem sentir sempre seguro, protegido e amado. Eu amo e aprecio minha bela altura!

NOTAS PESSOAIS-AFIRMAÇÕES

EU ♥ AMO MEU PESO

Eu tenho o peso perfeito para mim neste momento. É exatamente o peso que aceitei para mim mesmo. Possuo a capacidade de alterar meu peso se assim desejar. Eu escolho pensamentos que me mantêm confortável e satisfeito com meu corpo e seu tamanho. Eu amo e aprecio meu belo peso!

NOTAS PESSOAIS-AFIRMAÇÕES

EU ♥ AMO MINHA APARÊNCIA

Eu amo minha aparência. Ela me serve perfeitamente para esta vida. sscolhi minha fisionomia antes de nascer e estou satisfeito com a minha escolha. Eu sou único e especial. Ninguém mais tem a mesma aparência que eu. Sou bonito, e me torno mais atraente a cada dia. Escolho pensamentos que emitem uma bela aparência. Eu amo minha fisionomia. Eu amo e aprecio minha bela aparência!

NOTAS PESSOAIS-AFIRMAÇÕES

EU ♥ AMO MINHA IDADE

Eu tenho a idade perfeita. Cada ano é especial e precioso para mim, pois viverei cada um deles apenas uma vez. Cada ano, da infância até a velhice, é pleno de maravilhas próprias. Assim como a infância é muito especial, ser idoso também é. Quero vivenciar tudo. Eu escolho pensamentos que me deixam confortável com o fato de envelhecer. Aguardo com ansiedade cada novo ano conforme ele se estende diante de mim. Eu amo e aprecio minha bela idade!

NOTAS PESSOAIS-AFIRMAÇÕES

EU ♥ AMO MEU CORPO

Meu corpo é um lugar glorioso para se viver. Eu me alegro de ter escolhido esse corpo em particular porque ele é perfeito para mim nesta vida. Ele tem o tamanho, a forma e a cor perfeitos. Ele me serve tão bem. Eu me admiro com o milagre que é o meu corpo. Escolho pensamentos que criam e mantêm meu corpo saudável e me fazem sentir bem. Eu amo e aprecio meu belo corpo!